Nikola Hahn

Singende Vögel weinen sehen

Q indie

Qualität & Unabhängigkeit

*Dieses Buch ist in folgenden Ausgaben erhältlich:*

❖ »edition farbe«, farbig illustriertes Paperback im Großformat, 21,6 x 21,6 cm
ISBN 978-3-944177-20-5

❖ »edition schwarzweiss«, sw-illustriertes Paperback »im Quadrat«, 17 x 17 cm
ISBN 978-3-944177-28-1

❖ eBook Schmuckausgabe, eine speziell für das elektronische Lesen gesetzte
Version mit zahlreichen Abbildungen aus der »edition farbe«
ISBN 978-3-944177-03-8

❖ eBook Textausgabe mit einigen Schwarzweißabbildungen
ISBN 978-3-944177-04-5

Nikola Hahn

# SINGENDE VÖGEL WEINEN SEHEN

*Handy Poesie*

Thoni Verlag

**Bibliografische Information der Deutschen Nationalbibliothek:**

Die Deutsche Nationalbibliothek verzeichnet diese Publikation in der Deutschen Nationalbibliografie; detaillierte bibliografische Daten sind im Internet über http://dnb.dnb.de abrufbar.

Qindie ist ein Gütezeichen für qualitativ hochwertige Publikationen unabhängiger Autoren und Verlage. Informationen im Internet unter www.qindie.de.

Paperback im Großformat (»edition farbe«)
2. erw. Aufl. 2013

Umschlaggestaltung u. -illustration: N. Hahn
Satz und Layout: N. Hahn
Fotografien: N. Hahn
© 2013 Thoni Verlag, Rödermark
Informationen im Internet: www.thoni-verlag.com
Printed by Amazon Distribution GmbH, Leipzig

ISBN 978-3-944177-20-5

*Für Thomas*
für die vielen schönen Worte.

# Singende Vögel weinen sehen

*Handy Poesie*

# Inhalt und Übersicht

## WARUM GEDICHTE?

Gedichte sind
Gedanken
Wörter
Welten
Träumen
Wachen
Trauern
Lachen
Leben
Auf den Punkt gebracht.

# WÖRTER –

Klingen

## WÖRTER –

Fühlen
Finden
Spiegeln

Denken
Deuten
Lenken

# WÖRTER –

Schweben
Streben
Geben

Bilder
Bleiben
Leben

## Zeit. eins

Verlieren

Fehlen

Finden

Nehmen

# Neid.

Fremde
Dinge
Glänzen
Haben
Wollen

# EHRGEIZ.

Sachen
Besser
Machen
Glauben
Müssen

## Karriere.

Leiter

Stufen

Klettern

Kriechen

Suchen

Immer

Weiter

Eifern

Fliegen

Alles

Ich

Besiegen

## ZEIT. ZWEI

Vergehen

Kosten

Rauben

Stehlen

## TAGS.ÜBER

Viel

Hast

Du

Lärm

Um Dich

Keinen

Blick

Für

Nichts

## Missmut.

Was
Glück
Ist
Nicht
Zu
Haben
Glauben

## ZEIT. DREI

Gewinnen

Schenken

Teilen

Geben

## SOMMER.

Farben

Sonne

Satt

Blau

Der Himmel

Schatten

Spiele

Lesen

Träumen

Abends

Grillen

## Liebe.

Rosenrot

Die Wolken

Jubelnd

Bin ich

Leben

Lachen

Licht

Rosigrot

Die Wunden

Nässen

Narben

Sieht man

Schmerzen

Nicht

# HERBST.

Rascheln

Rauschen

Blätter

Wald

Träume

Trudeln

Purzeln

Kalt

Vergilbt

Vergangen

Wörter

Werk

Zeichen

Weichen

Wurzeln

Bald

## ABSCHIED.

Dein
Duft
Bleibt
Nicht
Lange
Weg

# UNGLÜCK.

Plötzlich
Alles
Fragen
Nichts

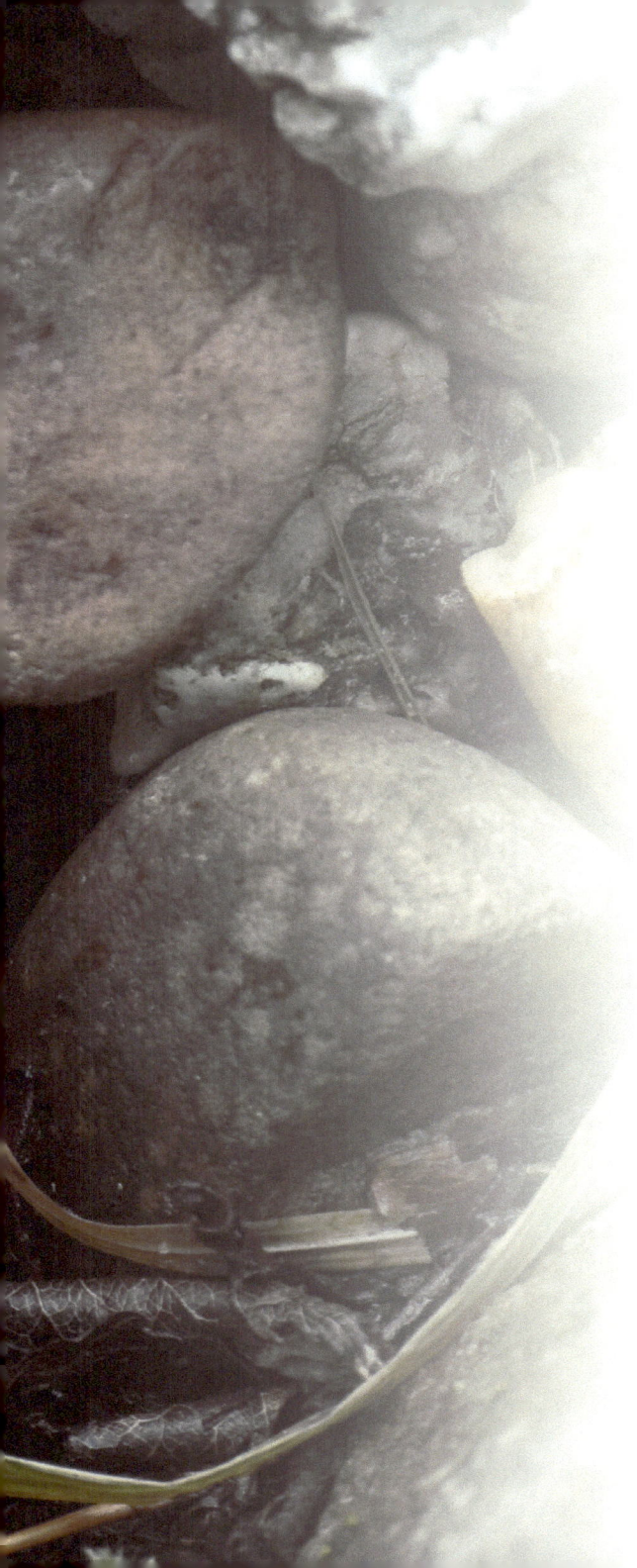

## TOD.

Nicht mehr
Hier
Da
Sein

## TRAUER.

Vögel

Singen

Weilen

Weinen

Sehen

## WINTER.

Weiß
Der Himmel
Friert
Wasser
Wird
Eis
Schnee

# Einsamkeit.

Verbrauchte Zeit
Atmen

# SEHNSUCHT.

In der Kälte

Blumen

Duft

Sehn

Sucht

# NACHTS

Schatten
Schwarz
Der Mond
Stille
Drinnen
Licht.

# HOFFNUNG.

Im Dunkel
Die Sonne
Sehen

# ERINNERUNG.

Das Gestern

Heute

Denken

# DICHTEN.

Gedachtes

Schreiben

Zeilen

Zählen

Wörter

Mehr


Geschichten

Fühlen

Füllen

Feilen

Fehlen

Treiben

Gedanken

Bleiben

Liegen

Lügen

Seiten

Leer

## ERWACHEN.

Der Winter
Weint
Schnee
Blüht
Weiß

## ZEIT. VIER

Keine

Lange

Weile

Haben

Lassen

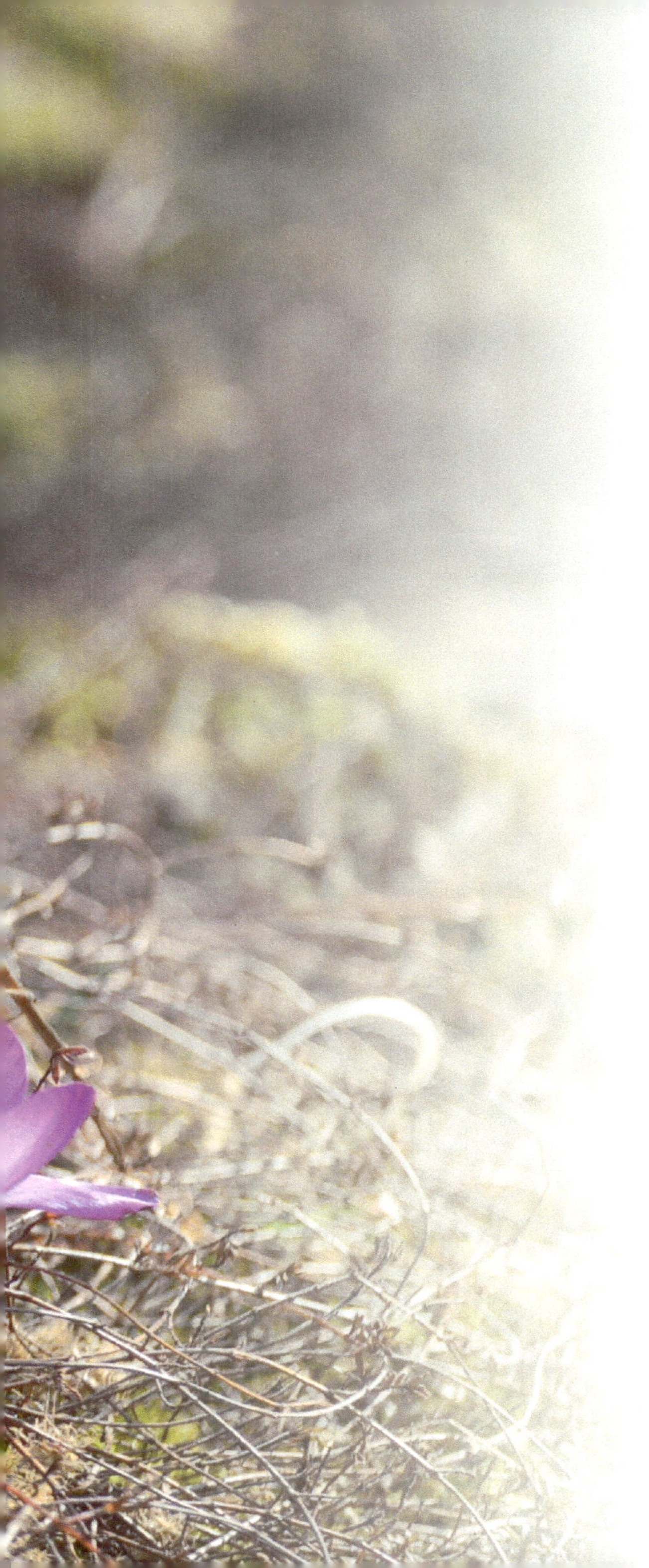

## FRÜHLING.

Im gilben
Gras
Leben
Leuchten

## MELANCHOLIE.

Frühlings

Froh

Werden

Welken

Gehn

## FREUNDSCHAFT.

Still
Zu
Hören
Da
Sein
Für
Dich

## ZUFRIEDENHEIT.

Kleine
Dinge
Wieder
Sehen

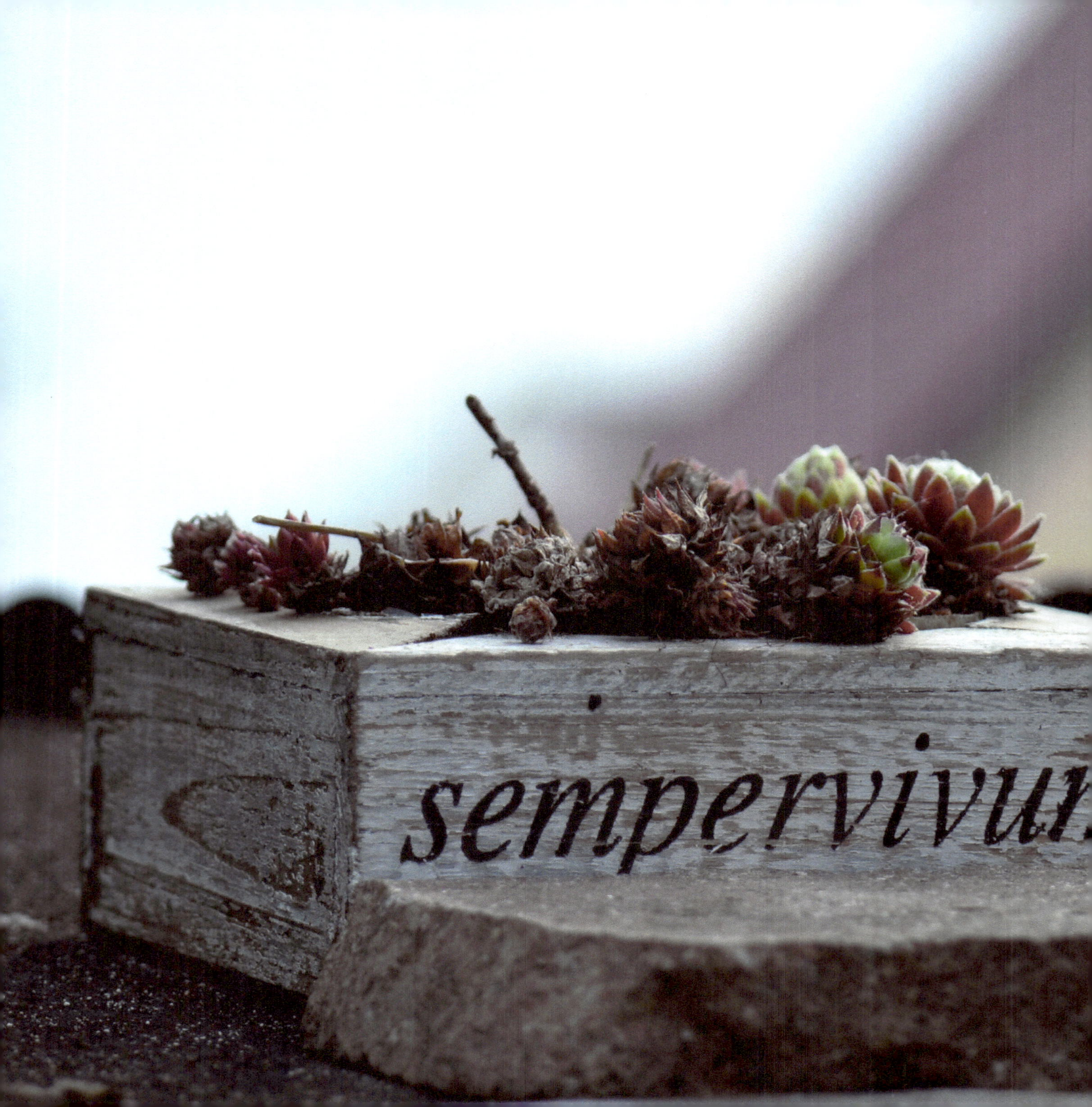
sempervivu

## ZEIT. FÜNF

Los

Sein

# LUST.

Gefühle

Jetzt

Tun

Wollen

## LEIDENSCHAFT.

Feuer

Gefangen

Innen

Verrückt

Viel

Machen

# FANTASIE.

Worte

Ziehen

Gedanken

Wagen

Gefühle

Tragen

Flügel

Fliegen

Sagen

Orte

# GLÜCKLICH

Werden

Wird

Wer

Lachen

Teilen

Lernen

Kann.

## LEBEN.

Jetzt
Sein
Gelassen
Bleiben

## WAS BLEIBT

In Eile
Hektik
Stets bereit
Fehlt Muße
Selbst zum Denken.

Was bleibt
In dieser schnellen Zeit
Gedanken zu verschenken.

# DARUM GEDICHTE!

Romane sind wie mehrgängige Menüs: opulentes Vergnügen für mußevolle Abende. Kurzgeschichten: ein heiteres Picknick im Park – und Gedichte? Ein Gedicht ist ein handgemachtes Praliné: eine Köstlichkeit, die ich mir zu einem guten Kaffee auf der Zunge zergehen lasse. Die feinen Aromen entfalten sich nur, wenn ich achtsam bin. Und nicht zu viel auf einmal nasche. Ich liebe üppige Menüs – aber ist das ein Grund, auf Pralinés zu verzichten?

# DAS MEER IN DER PIPETTE

*Ein Nachwort*

Mit Wörtern spielen – das hat mir schon als Kind Vergnügen gemacht, und es kam nicht nur einmal vor, dass ich Dinge anders *be-griff* als andere. Auch als Schriftstellerin fing ich mit der „kleinen Form" an, kurze Geschichten, vor allem aber Gedichte, zählen zu meinen „Frühwerken".

Als ich Mitte der 1980er Jahre beschloss, professionelles Schreiben zu lernen, war es für mich selbstverständlich, neben Belletristik einen Kurs in Lyrik zu belegen. Auch in meinen Erzähltexten experimentiere ich gern mit der Sprache, und zur Überarbeitung eines Manuskriptes gehört für mich das Hören, nicht im Sinne von lautem Lesen, wie es mancherorts empfohlen wird, sondern das Hineinlauschen, das Nachspüren, welche Stimmung ein Wort vermittelt, und welche Stimme ich ihm geben möchte, und ob und wie beides zusammenpasst.

Einen Roman lese (und schreibe!) ich dennoch anders als ein Gedicht: Ein Leser, der fünfhundert Seiten vor sich hat, will nicht bei jedem Wort verweilen. Er möchte sich von der Geschichte davontragen lassen, das Ganze genießen. Es ist wie im Meer schwimmen: Es wäre vermessen zu sagen, ich könnte dabei einzelne Tropfen spüren. Lyriker aber versuchen genau das, indem sie ein bisschen vom großen Wörter-Meer in eine Flasche gießen, sie mit einer Pipette versehen und hoffen, dass ihre Leser nicht trinken, sondern träufeln, dass sie sich

die Muße gönnen mögen, im Wasser das Meer zu schmecken, Gesicht und Gewicht der Tropfen zu erkennen, bevor sie auf den Boden fallen und sich in einem nicht mehr *be*-greifbaren Fleck verlieren.

Die Idee, das Auf und Ab des Lebens statt in einem Roman in einem Gedichtzyklus zu erzählen, dessen Verszeilen auf dem Display eines Handys Platz finden, ist zugegebenermaßen gewagt. Ob das Experiment gelungen ist, entscheiden Sie, meine Leser. Für mich war es eine Herausforderung und ein Vergnügen, jedes Zeichen, jedes Wort zu wägen.

Dass ich es selbst in der (eBook-)Textausgabe nicht bei Wörtern belassen, sondern auch Bilder ins Pipettenfläschchen gefüllt habe, ist meiner zweiten und dritten Pas-

sion nach dem Schreiben geschuldet: Die Fotografien, die meine „HandyPoesie" begleiten, habe ich aus Tausenden von Motiven ausgewählt, die ich im Laufe der Jahre in meinem Garten aufgenommen habe.

Natürlich hoffe ich, dass es mir gelungen ist, Sie mit meiner Tinktur zu verführen: zum Verkosten und Verweilen, zum Spielen und Sinnieren.

*„Was auch immer Deine Seele mit Dir anstellt, sei ihr dankbar. Sie steht auf Deiner Seite und weiß genau, was sie tut."*

*(Dr. Peter Eckstein, Pfarrer)*

# DAS GEDICHT

EINE AUSWAHL NEUERER DEUTSCHER LYRIK

EDITION L

# In memoriam

Theo Czernik (1929 – 2013)

## I

### 2001/2002

*Beschwörungen –*
*Eine Liebeserklärung an die Lyrik*

Lyrik gilt als schwer zugänglich, nur wenige beschäftigen sich mehr oder weniger intensiv mit ihr, dabei begegnen wir ihr täglich, denken wir nur an die Songtexte der Rock- und Popmusik, sogar in der Werbung hat sie mit ihrem ins Ohr gehenden Rhythmus und Reim Eingang gefunden. Trotzdem sehen Verlage – ohne es laut zu sagen – im Lyriker eine Art persona non grata, denn er stellt für sie ein Wagnis dar, läßt sich doch ein Gedichtband nur mit einer soliden Reihe von Bestsellern und Sachbüchern im Hintergrund ins Auge fassen – ein Spagat zwischen Geld und Geist, falls man sich überhaupt darauf einläßt. Theater, Orchester und sogar TV-Sender erhalten staatliche Subventionen, Verlage dagegen stehen in der Kulturlandschaft im Regen. Es gibt beim Buchhändler manche gefragte Lyrikausgaben, z.B. von Hilde Domin, Sarah Kirsch oder Paul Celan, aber Bestseller sucht man vergeblich. Das liegt, sagt man, in der Natur der Poesie, an der Ansprechbarkeit des Lesers, der durch einfühlendes Mitschwingen den interseelischen Vorgang im Dichter nachvollziehen soll. Das ist ein absolut subjektives Unterfangen. Aber auf alle Fälle sollte das Buch eine echte Begegnung sein, eine Erfahrung, sonst ist es nur Zeitvertreib, und das ist für den Lyriker zu wenig.

Gegenwärtig überfluten zu viele austauschbare Bücher den Markt, Bestseller nicht ausgenommen, Gedichtbände dagegen sind einmalig wie die Papillarlinien unserer Fingerkuppen. Gedichte können berühren, sollen und wollen Antworten geben, vermögen zu trösten. Christoph Meckel sagt zwar in seiner „Rede vom Gedicht", das Gedicht sei nicht der Ort, wo das Sterben begütigt, der Hunger gestillt und die Hoffnung verklärt wird, und Marcel Reich-Ranicki meint, trösten und besänftigen könne uns die Lyrik nicht. Und doch kann es niemandem verwehrt werden, Verse auf seine persönlichen Stimmungen anzuwenden, sie als tröstlich zu empfinden, in den Worten eines Fremden sich selbst zu erkennen oder im Gedicht das zu sehen, was wir gerne verdrängen oder vergessen: ein modernes Gebet. (...)

Wenn Lyrik eine Randerscheinung ist, dann liegt es an einem kleinen, aber einflußreichen Kreis, der einer experimentellen und zuweilen hermetisch verschlüsselten Lyrik den Vorzug gibt, die für eine dünne Schicht von Insidern bestimmt ist – an das Interesse einer breiteren Leserschaft wird nicht gedacht, dabei ist es vorhanden. Es liegt am Inhalt. Daß man in Buchhandlungen keine Lyrikecken mehr findet, hat noch einen anderen Grund. Heute schafft es kein Buchhändler mehr, seine Titel nur ein halbes Jahr auszustellen, schon rollt die nächste Buchlawine durch das Land und spült gnadenlos alles weg, was nicht im Regal festgeschraubt ist. Dominiert wird der Markt durch Großkonzerne, die mit marktwirtschaftlichem Killerinstinkt andere Verlage an die Wand drücken oder kaufen und damit deren Identität verwässern. Zum Glück macht diese Fusionitis mit ihrer nivellierenden Gleichmacherei vor kleineren Verlagen halt, denn die sind für sie uninteressant mit ihren eigenen Schwerpunkten, die für kleinere Leserzielgruppen gedacht sind. Es sind gerade diese kleinen Verlage, die

Farbe in die Szene bringen. In ihrem Umfeld finden Autoren noch eine verlegerische Heimat. (...)

## II

### Sonntag, 7. April 2013
*... und es hat mir den Atem verschlagen –*

Wenn man ein Buch in die Welt lässt, bekommt man in der Regel auch Feedback, das von Begeisterung bis Verriss gehen kann. Übers Lob freut man sich, die Negativmeinungen, nun ja, schluckt man. Irgendwie. Lesen ist subjektiv, und Gefühle der Leser sind zu respektieren. Trotzalledem: Es gibt Menschen, deren Kritik einem besonders nahegeht, und über deren Lob man sich „wie Bolle freut". Weil ihre Stimme fürs Selbst wichtig ist, subjektiv, weil man den dahinter stehenden Menschen mag, oder objektiv, weil er aus der Fachlichkeit heraus urteilt. Manchmal trifft beides zusammen, und das sind Momente, in denen man als erwachsener Mensch wie ein Kind durchs Zimmer hüpft. Ich bekam ein solches Lob für meinen bebilderten Lyrikband „Singende Vögel weinen sehen" mit Datum vom 12. März dieses Jahres, ein persönlicher Brief des von mir sehr geschätzten Lyrik-Verlegers Theo Czernik. Er hat mir freundlicherweise erlaubt, den Brief zu veröffentlichen. Herzlichen Dank dafür!

*Liebe Frau Hahn,*

*Sie haben Lyrik auf den Punkt gebracht, in Wort und Bild. Genau genommen möchten wir alle nichts anderes und schießen doch übers Ziel hinaus. Zu viele Worte, oft der gleiche Sinn und nur an eine andere Zielgruppe gedacht, klug, zu klug, dumm, eitel. Ein Gedicht sollte wie Atemholen sein, selbstverständlich. Ich suche diese Gedichte, aber es werden immer weniger.*
*Ich habe vor einigen Tagen mit Johanna Anderka auch über die Qualität gesprochen und mir dann die Bücher aus den 70er und 80er Jahren aus dem Schrank geholt, und es hat mir den Atem verschlagen – das waren noch Gedichte! Heute muss ich zehn Manuskripte weglegen, weil ich nichts besonders Lesenswertes darunter gefunden habe. Eine neue Generation! Oder ich bin zu alt! Und jetzt liegt Ihr Bändchen vor mir. Ein wunderbarer Gedanke und der verwirklicht! Ich kann Sie dafür nur beglückwünschen.*
*Es grüßt Sie ganz herzlich Ihr*

Theo Czernik

## III
Sonntag, 9. Juni 2013
*Wenn die Worte fehlen ...*
*und sie doch tröstlich sind.*

Es ist noch nicht lange her, seit ich über das Glück sprach, das ich empfand, als der passionierte Lyrikverleger Theo Czernik mir zu meinem Gedichtband „Singende Vögel weinen sehen" einen lobenden Brief schrieb. Ende April erhielt ich eine Einladung zur Ausschreibung des Inge-Czernik-Förderpreises für Lyrik, der nach seiner verstorbenen Frau benannt ist. „Der tiefe Brunnen weiß es wohl", so der avisierte Titel für die diesjährige Anthologie der Bewerber.

„Der Titel ist eine Zeile aus dem Gedicht Weltgeheimnis von Hugo von Hofmannsthal", schrieb Theo Czernik, und dass ein bestimmtes Thema nicht vorgegeben werde, weil ein Gedicht sich dagegen sträube, gegängelt zu werden. „Gedichte gehören zu Weltengeheimnissen: In einem Gedicht muss man den Atem des Dichters spüren, seine Gedanken, seine Erinnerungen, die aus einer Grauzone kommen und wie ein Menetekel gedeutet werden möchten. (...) Dichter sind der tiefe Brunnen, in dem wir viele Fragen suchen, Antworten finden, und aus dem wir unsere Träume schöpfen. Wir laden Sie ein." Ob und wann das Buch erscheinen wird? Ich weiß es nicht.

Theo Czernik ist am 3. Juni 2013 in Speyer gestorben. Obwohl wir uns nur wenige Male persönlich begegnet sind, trifft mich sein Tod sehr.

*„Für mich ist ein Gedicht die Sprache Gottes."*

*Theo Czernik*

## Biografische Angaben

Theodor „Theo" Peter Czernik, 1929 in Hruschau (Tschechien) geboren, studierte Malerei, Grafik und Bühnenbildnerei in Wien und Mannheim. Initiiert durch Hilde Domins Buch „Wozu Lyrik heute", gründete er 1974 zusammen mit seiner Frau den Verlag Edition L, der ausschließlich Lyrik verlegte. Theo Czernik war Herausgeber der Literaturzeitschrift „Literatur aktuell" und Stifter des Inge-Czernik-Förderpreises für Lyrik, der im Rahmen der „Freudenstädter Lyriktage" verliehen wurde. Eröffnet wurden diese Tagungen mit Lesungen und Referaten prominenter Literaten wie Wolf Biermann, Ulla Hahn, Hilde Domin oder Marcel Reich-Ranicki. Neben seiner Tätigkeit als Verleger arbeitete Theo Czernik auch als Grafiker und Schriftsteller. Er veröffentlichte u.a. Hörspiele, Erzählungen und ein Theaterstück.

## Quellennachweis

### I.

Theo Czernik, *Beschwörungen. Geleitworte des Herausgebers zu 120 Lyrikausgaben seiner Edition L,* Zum Geleit, S. 7ff (Auszüge), Hockenheim 2001. Der Nachdruck erfolgte 2002 mit freundlicher Genehmigung von T. Czernik unter: http://www.nikola-hahn.com/theoC.htm.

### II.

*Nikola Hahn – Schreibstube,* Blogeintrag vom 7. April 2013, http://nikola-hahn-schreibstube. blogspot.de/2013/04/und-es-hat-mir-den-atem-verschlagen.html.

### III.

*Nikola Hahn – Schreibstube,* Blogeintrag vom 9. Juni 2013, http://nikola-hahn-schreibstube. blogspot.de/2013/06/wenn-die-worte-fehlen.html.

### Abbildungen

*S. 100:* Theo Czernik (Hg.), *Das Gedicht 2002. Eine Auswahl neuerer deutscher Lyrik*, mit einer Einführung von Hilde Domin, Hockenheim 2002 (Edition L).

*Abb. unten:* wie vor, Gedichte und Aperçu von Nikola Hahn, S. 54, 55 (alle Gedichte aus: Nikola Hahn, *Baumgesicht,* 1995/Neuausgabe 2013 (Thoni Verlag).

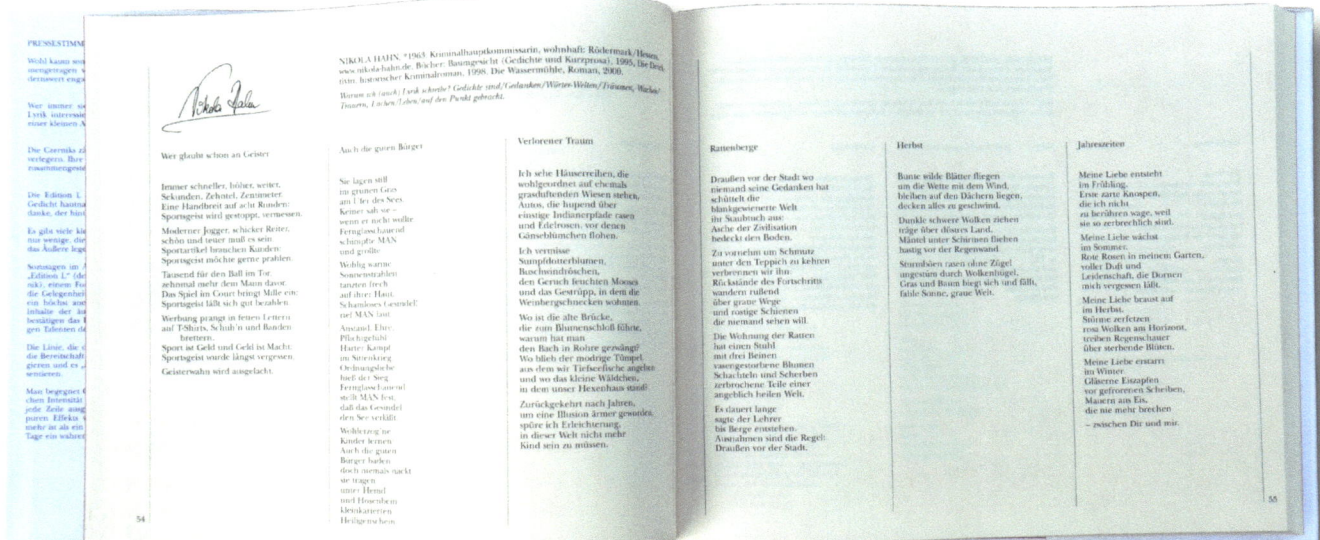

SCHÖNE BÜCHER MACHEN: Das ist die Philosophie des Thoni Verlags. Weil zum Inhalt immer auch die Form gehört, ganz gleich, ob Sie eBook-Fan sind oder lieber auf Papier lesen. Deshalb erscheinen Thoni-Bücher in unterschiedlichen Ausgaben, illustriert oder als »Text pur«, in Farbe oder Schwarzweiß, als »P(rint)« oder »E(lektronisch)«. Thoni-Bücher sind Individualisten: sorgfältig editiert und genre-unabhängig laden sie zum Schmökern, Schauen, Träumen und Verweilen ein.

www.thoni-verlag.com

Freude am Lesen

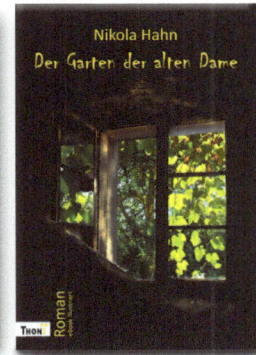

**Nikola Hahn**
**Baumgesicht**
*Prosa & Poesie*

**Nikola Hahn**
**Wie das Schneeglöckchen zu seiner Farbe kam**
*Märchen-Bilder*

**Nikola Hahn**
**Der Garten der alten Dame**
Roman

**Nikola Hahn**
**Der Garten der alten Dame**
Roman

**Nikola Hahn**
**Der Garten der alten Dame**
Roman

**Nikola Hahn**
**Der Garten der alten Dame**
Roman

**Nikola Hahn**
**Die Wassermühle**
Roman

**Nikola Hahn**
**Wenn der November vorüber ist**
Chronik eines Abschieds

**NIKOLA HAHN**
**Die Startbahn**
EINE ERZÄHLUNG
EINE ERINNERUNG

www.thoni-verlag.com – einfach schöne Bücher machen.

# THONï

## Bücher & Kunst
## von Nikola Hahn

*Inh.* **Nikola Hahn**
**Am Seewald 19**
**63322 Rödermark**

thoni-verlag@t-online.de
**www.thoni-verlag.com**

*Autorin*

Nikola Hahn arbeitet im Hauptberuf als Kriminalkommissarin und lehrt Vernehmungstaktik an der Polizeiakademie Hessen. Neben Fachbeiträgen publiziert sie Lyrik, Kurzprosa und Romane.

Bekannt geworden ist sie vor allem durch ihre Kriminalromane, in denen sie die Anfänge kriminalistischer Arbeit in Deutschland lebendig werden lässt.

© „Bücherschmetterling": Sandra Nabbefeld, siehe thoni-verlag.com/Bildnachweis

mcontent.com/pod-product-compliance
ource LLC
rg PA
11270326
00003B/53